NOTE A L'EMPEREUR

SUR LA BROCHURE

DU

DUC D'AUMALE

PARIS

IMPRIMERIE DE L. TINTERLIN ET Ce

RUE NEUVE-DES-BONS-ENFANTS, 3.

NOTE A L'EMPEREUR

SUR LA BROCHURE

DU

DUC D'AUMALE

PARIS

E. DENTU, LIBRAIRE-ÉDITEUR

GALERIE D'ORLÉANS, 13 ET 17, BALAIS-ROYAL

—

1861

Tous droits réservés

NOTE A L'EMPEREUR

SUR LA BROCHURE

DU DUC D'AUMALE

Sire,

Depuis plusieurs jours, on ne s'occupe que de la brochure du duc d'Aumale. S'il est juste de ne point s'en exagérer l'importance, il est bon toutefois d'approfondir les circonstances au milieu desquelles cette publication a eu lieu.

On voit beaucoup de gens, et précisément ceux qui forment le parti auquel elle s'adressait, s'indigner qu'elle ait été saisie. Cela se concevrait de la part de ceux qui ont toujours voulu la liberté pour tout le monde : mais ici ce n'est pas le cas.

Singulier sophisme : il était impossible, tant qu'elle régnait, d'attaquer la famille d'Orléans, à cause de l'inviolabilité consacrée par la Charte et garantie par des pénalités légales. Quand elle est tombée, on proclame que c'est une lâcheté de rien dire contre une famille qui est dans le malheur et qui ne peut répondre. — Ce qui revient à dire que forts, nos ennemis doivent avoir toute liberté de nous accabler, et faibles il faut leur laisser reprendre leurs forces.

Nos ennemis n'ont jamais eu cette naïveté qu'ils recommandent aux autres : car il n'y a pas d'injures ni de calomnies qu'ils n'aient imprimées, après 1814, contre Napoléon et sa famille, et, après 1830, contre les Bourbons de la branche aînée.

Autre sophisme : puisque la brochure a été saisie, on ne doit pas y répondre. — Mais elle s'est répandue secrètement. Et parce que la calomnie se propage à demi-voix, doit-on négliger de la repousser? Ce serait une fausse générosité dont on ne sait point de gré et qui ne fait qu'accroître l'audace des adversaires.

Il y a un grand enseignement à retirer du fait de cette publication. Si c'eût été un manifeste républicain, la brochure n'aurait pu sans doute être si aisément ni imprimée ni distribuée. Il a fallu pour cela certaines complicités occultes. Si le gouvernement de Votre Majesté a pu jusqu'à présent fermer les yeux sur des manifestations hostiles, mais encore peu dangereuses, il y aurait un grave inconvénient à laisser croire qu'on peut impunément agir dans l'intérêt des membres d'une dynastie répudiée par la nation.

Une grande force morale a été nécessaire à Votre Majesté pour contenir l'inimitié des anciens partis. Ils ne se sont courbés que parce qu'ils ont senti votre force. Abusant des intentions libérales du gouvernement de Votre Majesté ils essaient de les faire tourner contre Elle et contre les volontés du peuple. Ils ont trop vite oublié que de plus grandes libertés n'ont été accordées qu'afin de seconder le progrès et non pour revenir en arrière; et que si votre gouvernement est déterminé à laisser une pleine liberté d'action à quiconque ne cherche qu'à l'éclairer sur les intérêts et les besoins du pays, il saura réprimer tout acte de prétendant.

La confiance des anciens partis est basée sur l'adhésion d'une fraction républicaine sur laquelle ils croient pouvoir compter. Mais on peut dire de cette fusion contre nature ce qu'on disait avec tant de raison de la fusion rêvée entre orléanistes et légitimistes : il ne suffit point que des chefs de maisons royales ou de partis politiques, se donnent la main pour que la masse du parti les suive.

Voici ce qu'on entend dire à un grand nombre d'hommes connus par leurs opinions démocratiques : « Quand nous souffrions de voir nos libertés diminuées, loin de se joindre à nous pour les réclamer, les anciens partis se réjouissaient et s'efforçaient de nous accabler ; quand nous avons pressenti la possibilité que le gouvernement se départît de sa rigueur première et que nous sollicitions tout le monde à demander plus de liberté, les anciens partis répondaient : Le moment n'est pas encore venu ; car ils ne nous trouvaient point assez abattus. Si aujourd'hui ils ont pris pour tactique le libéralisme, c'est qu'ils pensent être en mesure de lutter à la fois et contre nous et contre le gouvernement. D'où la conséquence qu'en accédant à leurs avances de coalition intérieure, nous pourrions affaiblir le gouvernement dans le moment même où il se montre le plus favorable aux intérêts nationaux et populaires ; mais assurément nous travaillerions contre nous-mêmes. »

Autant qu'on en peut juger, ce sont là les sentiments réels de l'immense majorité des hommes qui appartiennent à la démocratie. On pourrait même dire de tous, si l'on excepte ceux qui, en se croyant et disant républicains, n'ont pourtant jamais été au fond qu'orléanistes, et ceux qui, se laissant guider par le ressentiment plus que par la réflexion, espèrent pêcher en eau trouble.

Tout ce que les ennemis du gouvernement de Votre Majesté pensent, disent, écrivent et font, tend à désarmer le pouvoir. Ils voudraient que le pouvoir mît spontanément de côté les armes qu'il a par ses lois, décrets et règlements, ce qui aurait pour effet de faire passer dans leurs mains la force effective. Exemple : si les anciens partis demandent si instamment l'abolition de la loi de sûreté générale, c'est uniquement parce qu'ils craignent de la voir aujourd'hui appliquée contre eux. L'humanité et la justice n'y sont pour rien. On se souvient encore que, parlant de mesures à prendre contre la démocratie, ils disaient : « La faulx ne discute pas avec l'ivraie. »

De même pour la presse, s'ils souhaitent si ardemment la suppression des autorisations préalables et des avertissements ministériels, tout en voulant le maintien du cautionnement et du timbre, c'est qu'ils voudraient pouvoir publier eux seuls ce qu'ils veulent, sans que le gouvernement y vienne mettre obstacle, selon la maxime émise par eux, à savoir que ceux qu ont de l'argent fassent des journaux, exactement comme ils disaient autrefois que ceux qui ont de l'argent aient seuls le droit de voter.

Même la centralisation, contre laquelle ils

s'élèvent avec tant de persistance, ils ne la veulent affaiblir que pour éloigner l'action de l'œil du chef de l'État et la transporter à des agents locaux sur lesquels leur influence serait, pensent-ils, plus efficace. Il est excellent que le pays arrive à faire le plus possible ses affaires lui-même et par son initiative propre. Mais le pays gagnerait peu à ce que la haute autorité de l'élu de sept millions d'hommes se trouvât trop complétement remplacée par celle de fonctionnaires, capables sans doute, mais presque tous formés sous un régime autre que celui qu'a fait prévaloir le vote du peuple français.

Ce que le peuple désire est bien différent. Sa pensée la plus intime ce n'est point que Votre Majesté dépose la dictature, mais qu'elle l'exerce auparavant contre ses ennemis à lui qui sont les Vôtres, et en faveur des intérêts les plus généraux de la France et des autres nations. Le peuple sent que la force de ses ennemis est trop grande pour qu'une main ferme et unique ne soit pas nécessaire durant un temps. C'est pourquoi le peuple veut un dictateur.

Quoi que puissent dire ces hommes, que l'Empereur, Votre oncle, appelait idéologues, qui, sous la Restauration, s'intitulèrent doctrinaires, et qui, après Juillet, ont gouverné à titre

de parlementaires, il ne s'agit point actuelle-
ment d'une question de liberté, il s'agit uniquement d'une question de progrès national et populaire.

Ce que les soi-disant libéraux entendent
par la liberté, c'est qu'on les laisse faire. Leur
but est d'arriver aux affaires, c'est-à-dire de
gouverner pour jouir ; ils mettent leur habileté
à voiler par de grands mots et de belles théories
leur politique d'oligarchie.

Ce que le peuple entend par la liberté, c'est
d'être délivré de ses misères et de l'oppression
que les privilégiés font peser sur lui.

En dépit des fausses leçons d'histoire qu'on
essaie de leur donner, les masses savent qu'en
1792 il est heureux que celui des deux partis
qui l'a emporté n'ait pas été celui qui parlait le
plus de liberté. Les Girondins furent immolés,
la liberté fut ajournée ; mais la dictature de la
Convention sauva les principes de la Révolu-
tion en France, comme la dictature du Premier Consul et de l'Empereur les implanta
en Europe. Les masses n'ont pas oublié non
plus qu'en 1815 les deux mêmes partis se re-
trouvèrent en présence, personnifiés l'un dans
Lafayette, l'ancien constituant, l'autre dans
Carnot, l'ancien conventionnel. Les mêmes
arguments se produisirent. Malheureusement,
cette fois, c'est Lafayette qui l'emporta au

nom du libéralisme. Une chambre inintelli-
gente et rebelle brisa la dictature providen-
tielle de Napoléon. Celui-ci , désespérant de
sauver la nation sans le concours des députés,
se sacrifia plutôt que de commencer une lutte
qui pouvait, sans assurer le triomphe, dégéné-
rer en guerre civile. La France succomba. Et,
comme Napoléon et Carnot l'avaient prédit, il
n'y eut ni indépendanee ni liberté.

Le peuple sait tout cela. Son regret est que
Napoléon ne se soit pas une dernière fois saisi
de la dictature. Il attendait cet acte de salutaire
vigueur de celui qui avait tant osé le **18** bru-
maire.

Mais il faut n'avoir pas trop attendu. Pour
les gouvernements comme pour les peuples, il
est nécessaire, selon la sage parole de Votre
Majesté, de savoir profiter de l'occasion.

Si les Chambres eussent été aussi patriotiques
que la Convention, la France était sauvée. Napoléon s'était trop défié des masses. Le souvenir
des excès de 93 exerçait encore une trop grande
pression sur l'opinion publique. « J'eusse pu
aisément, a-t-il dit, lâcher le peuple sur les
nobles et sur les prêtres ; tous mes ennemis
eussent été écrasés en un instant ; mais j'ai
craint une jacquerie. »

Le plus grand besoin du gouvernement de
Votre Majesté est d'avoir un Corps législatif

animé d'un esprit éminemment patriotique, qui soit à la hauteur des circonstances et des vues élevées qui Vous inspirent.

Or, dans l'état actuel des choses, toute dissolution du Corps législatif n'aboutirait à rien. Des élections nouvelles pourraient renforcer les ennemis du gouvernement, si de sages mesures n'ont pas été prises auparavant.

Les journaux actuels ne correspondent plus aux besoins de la situation. Il n'y a presque que des organes des anciens partis. Les légitimistes en ont deux, les orléanistes deux, les cléricaux deux ; et la démocratie en est presque réduite à une feuille qui ne représente guère que les idées de ce qu'on appelait le parti Cavaignac. Les journaux officiels et semi-officiels, excellents pour donner des nouvelles, n'exercent que peu ou point d'action sur l'opinion : Les masses qui ont donné les millions de suffrage à Votre Majesté sont jusqu'ici sans organes.

Quelques mesures dans l'intérêt des ouvriers, telles par exemple que l'abolition des articles de loi qui établissent leur infériorité vis-à-vis de leurs patrons, notamment en ce qui concerne les coalitions et l'application du beau principe posé par Votre Majesté dans un livre justement populaire, à savoir que les ouvriers eussent, dizaine par dizaine, des délégués pour discuter avec les patrons leurs intérêts, pour faire connaître leurs besoins au gouvernement et en recevoir les avis et conseils, auraient pour premier résultat de montrer aux masses que c'est surtout du gouvernement de Votre Majesté qu'elles peuvent espérer l'amélioration de leur sort.

Il est encore permis d'ajouter que le jour où la mauvaise volonté de puissances rétrogrades, leur résistance aux conseils les plus désintéressés de réformes et leur malveillance ouverte contre la France, obligeraient le gouvernement de Votre Majesté à faire appel au patriotisme généreux des Français pour aider à la délivrance d'une nouvelle nation, il y aurait un irrésistible enthousiasme, un redoublement de popularité.

Si Mazzini lui-même a crié : Vive Victor-Emmanuel ! pour l'unité de l'Italie, croyez qu'il n'y a pas en France un républicain qui ne criât avec joie : Vive Napoléon ! pour l'indépendance de la Pologne.

De grands devoirs de prudence sont souvent imposés à ceux qui ont la grave responsabilité du pouvoir. Mais le plus sûr garant du succès est de connaître sa force. Et Votre Majesté n'ignore pas la sienne.

Votre Majesté se souvient avec bonheur de ce magnifique élan populaire qui la porta en triomphe des Tuileries à la gare de Lyon, lors du départ pour l'Italie. Elle retrouvera toujours cet élan pour les causes nobles et civilisatrices. Votre Majesté a eu raison de le dire : « Partout où paraît le drapeau de la France, un grand principe le précède et un grand peuple le suit. »

Ceux qui se réjouissent d'une modération qu'ils prendraient pour de la faiblesse, pourraient bien une fois encore être trompés dans leurs espérances coupables et avoir un singulier réveil.

Il a été dit au Sénat par une voix éloquente : « Il ne faut pas craindre aujourd'hui de faire appel aux hommes avancés, car ils sont patriotes et ils reconnaissent la souveraineté nationale. »

Napoléon a senti, en 1814 à Fontainebleau, en 1815 à l'Élysée, la faute qu'il avait faite de ne s'être point entouré à temps d'hommes nouveaux. Et sa parole d'amer mais d'inutile regret est restée dans l'histoire : « Les blancs sont toujours blancs, les bleus toujours bleus. »

La brochure du duc d'Aumale a déjà démasqué plus d'un ennemi. Que Votre Majesté avise donc dans sa sagesse, et il n'y aura pas un homme du progrès qui ne soit avec Elle.

FIN

www.ingramcontent.com/pod-product-compliance
Lightning Source LLC
LaVergne TN
LVHW021735030726
842523LV00004B/1441